VORWORT

Eine Schildkröte,

die in der Gefangenschaft geboren ist,

darf niemals ausgesetzt werden,

da sie es nicht gewohnt ist,

für sich selbst zu sorgen.

In der Freiheit geborene Schildkröten

dagegen können auf die Dauer

nur in der Freiheit leben.

Von einer solchen Schildkröte

wird in diesem Buch erzählt.

DORIS ORGEL

NINA UND DIE SCHILDKRÖTE

Illustriert von Ilon Wikland

LERNE LESEN

REINBEKER KINDERBÜCHER
CARLSEN VERLAG

„Ich kann fliegen“, ruft Nina,

als sie von der alten Steinmauer springt.

„Spring du auch, Tom!“

Tom springt auch.

Er springt sogar

noch viel weiter

als seine Schwester.

Er hockt im Gras.

Er steht nicht auf.

Er hat etwas gefunden.

„Sieh mal, was ich

gefunden habe, Nina!“ ruft er.

Es ist eine Schildkröte.

„Ist das ein Männchen,

oder ist es ein Weibchen?“

fragt Nina.

„Ich weiß es nicht“,

antwortet Tom.

„Sieh mal, was für einen

festen Rückenpanzer sie hat!“

Tom klopft vorsichtig

mit dem Fingernagel darauf.

Zuerst versteckt die Schildkröte

den Kopf unter ihrem Panzer.

Dann lugt sie hervor.

Sie hat kleine schwarze Augen.

„Darf ich sie mal halten?“ fragt Nina.

„Aber nur kurz“, antwortet Tom.

„Weißt du was?“ sagt Nina.

„Du hast doch einen Hamster

und zwei Vögel und drei Mäuse.

Ich habe nur einen Goldfisch.

Ich gebe dir meinen Goldfisch,

wenn du mir die Schildkröte gibst.“

„Nein“, sagt Tom, „es ist

meine Schildkröte!

Ich habe sie gefunden.“

Im Keller steht

ein alter Bottich.

„Hier soll meine Schildkröte

wohnen“, sagt Tom.

„Und heißen soll sie Salomon.

Sie sieht so klug aus.“

Tom stellt Salomon

eine flache Schale

mit Wasser hin.

Nina gibt ihm Salat.

Aber Salomon will keinen Salat.

Er will auch kein Wasser.

Er will nur

aus dem Bottich heraus.

„Er will weg!“ sagt Nina.

„Er muß sich erst an die Gefangenschaft

gewöhnen“, sagt Tom.

„Es gibt viele zahme Schildkröten.

Ich werde ihn gut pflegen.

Dann bleibt er auch gern bei uns.“

Manchmal darf Nina

Salomon füttern.

Sie darf ihm Wasser geben

und den Bottich saubermachen.

Sie darf Salomon sogar einmal

in die Sonne tragen.

Das macht ihr Spaß.

Aber sie denkt:

„Noch schöner wäre es,

wenn ich eine eigene Schildkröte hätte.“

Deshalb geht Nina jeden Tag

zu der alten Mauer.

„Vielleicht leben noch mehr

Schildkröten hier im Gras“,

denkt sie.

Wenn sie keine Lust mehr hat zu suchen, springt sie von der Mauer. Eines Tages kommt Tom dazu. „Jetzt springe ich ganz weit, noch weiter als du!“ ruft Nina.

Nina springt.

Sie springt sehr weit

und fällt hin.

Sie fällt

auf ihren linken Arm.

Der Arm tut weh.

Er tut sehr weh.

Nina weint.

Aber davon

geht der Schmerz nicht weg.

„Setz dich hier

an die Mauer!“ sagt Tom.

„Ich hole Mutti.“

„Nicht weinen, Nina,

wir fahren gleich zum Arzt“,

sagt die Mutter.

„Tom bleibt bei dir,

und ich hole das Auto.“

Die Mutter fährt

quer über die Wiese zur Mauer hin.

Sie hilft Nina ins Auto.

Tom fährt mit.

Nina hält sich den Arm.

Er tut noch immer weh,

aber Nina weint nicht mehr.

Der Arzt untersucht Ninas Arm.

Er sagt: „Du hast dir den Arm gebrochen.“

Er legt ihr

einen Gipsverband an.

„Der gebrochene Knochen in deinem Arm

wird wieder zusammenwachsen“,

sagt er. „Es dauert nur

ein paar Wochen.“

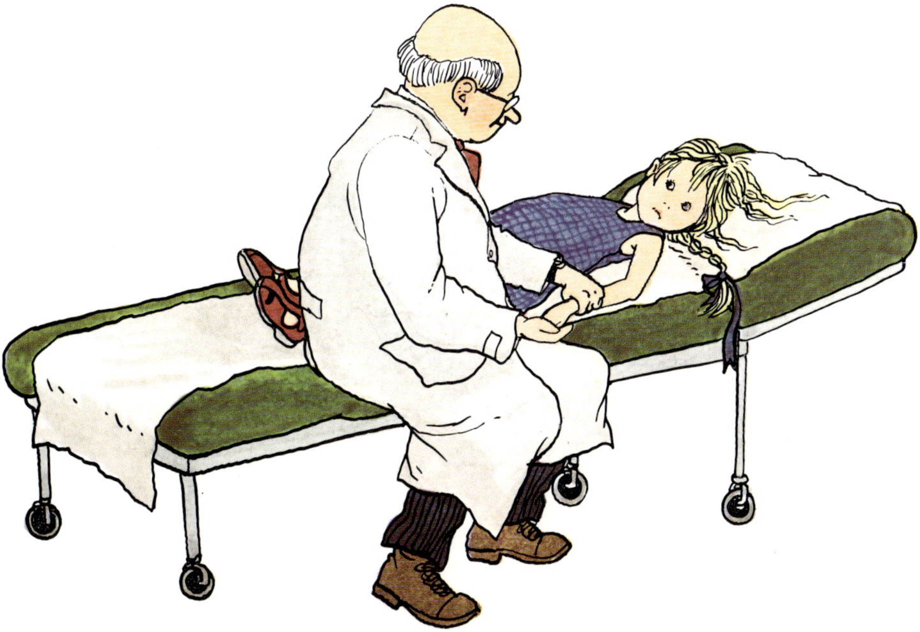

Ninas Arm tut nicht mehr so weh,
seit er fest in Gips liegt.
Nina findet es aufregend,
den Arm in Gips zu tragen.
„Nur schade, daß gerade Ferien sind“,
sagt sie. Sie wäre gern mit ihrem Arm
in Gips zur Schule gegangen.
Tom darf seinen Namen
auf Ninas Gipsarm schreiben.
Ein komisches Gefühl,
so ein steifer Arm!
Der Gips ist fast wie ein Panzer!
Nina muß an Salomon denken.
„Komm, wir gehen in den Keller!“
sagt sie zu Tom.

ARZT

Tom hebt Salomon hoch.

Er setzt ihn auf Ninas Gipsarm.

Salomon macht ein paar Schritte.

„Salomon hat einen Rückenpanzer,

und ich habe einen Armpanzer“,

sagt Nina.

„Mein Arm ist wie eine Schildkröte.“

„Weißt du was?“ sagt Tom.

„Ich schenke dir Salomon,

weil du den Arm gebrochen hast.“

„Ist das dein Ernst?“

fragt Nina.

„Ja“, antwortet Tom.

„Danke, Tom!“

ruft Nina glücklich.

TOM

„Du sollst jetzt oben bei mir wohnen“,

sagt Nina zu Salomon.

Sie nimmt eine weiße Schüssel

und setzt Salomon hinein.

Dann trägt sie ihn die Treppe hinauf.

Das ist nicht leicht, wenn man einen

Gipsarm hat.

„Der Name Salomon ist viel zu lang
für eine Schildkröte“,
sagt Nina.
„Du sollst nicht mehr Salomon heißen.
Ich nenne dich Bumm,
weil du immer abrutschst,
wenn du
aus deiner Schüssel willst.“

Sie schreibt ein Schild

und macht es an ihrer Tür fest.

„Hier wohnen Nina und Bumm“,

steht auf dem Schild.

„Nina und wer?“ fragt Tom.

„Nina und Bumm“, sagt Nina.

„So heißt die Schildkröte jetzt.“

„Du kannst ihr doch keinen neuen Namen geben“,

sagt Tom.

„Sie hat sich daran gewöhnt,

Salomon zu heißen.“

Er setzt die Schildkröte auf die Erde.

Sie läuft fort.

„Komm, Salomon, komm!“ ruft Tom.

Aber die Schildkröte kommt nicht.

„Sie hätte bestimmt schnell gelernt,

daß sie Salomon heißt“, sagt Tom.

„Aber jetzt heißt sie Bumm“,

antwortet Nina.

„Wie gut,

daß ich den Arm gebrochen habe,

sonst hätte ich Bumm nie gekriegt“,

denkt Nina, als sie abends

in ihrem Bett liegt.

Es ist schwer,

alles mit einem Arm zu machen.

Die Mutter muß Nina

beim Anziehen helfen,

wie damals, als sie noch klein war.

Nina kann sich selbst die Zähne putzen.

Aber die Zöpfe

kann sie nicht flechten.

Sie kann die Finger

der linken Hand

ein klein wenig bewegen.

Aber die Schnürbänder

kann sie nicht zubinden.

Einmal malt sie

Bumm auf den Gips.

Nach einigen Tagen
hat sich Nina fast daran gewöhnt,
den Arm in Gips zu tragen.
Aber dann beginnt der Arm zu jucken.
Er juckt am Tag,
und er juckt nachts.
Und sie kann sich nicht kratzen.
„Mutti, was soll ich tun?“ fragt sie.
„Denk an etwas anderes,
das hilft manchmal“,
sagt die Mutter.
Und Nina denkt an etwas anderes.
Sie denkt an Bumm.
Ob es ihn wohl auch juckt
unter seinem Panzer?

TOM

Tom leiht ihr ein Buch über Tiere.

Auch über Schildkröten steht etwas darin.

Aber es steht nicht darin,

ob es sie auch unterm Panzer juckt.

„Glaubst du, bei Bumm juckt es so

wie bei mir unter dem Gips?“ fragt sie.

„Natürlich nicht“, antwortet Tom.

In den nächsten Tagen ist es sehr warm.

Nina nimmt Bumm mit zu ihrer Freundin,

die an einem Bach wohnt.

Bumm schwimmt in dem Bach.

Er will wegschwimmen.

„Du hast dich noch nicht daran gewöhnt,

bei uns zu leben!“ sagt Nina zu ihm.

Am Sonntag fahren Vater und Mutter

und Nina und Tom an einen See.

Nina wäre auch gern geschwommen.

Aber ihr Arm darf nicht

naß werden.

Deshalb kann sie nur

mit den Füßen ins Wasser.

„Jetzt dauert es nur noch drei Wochen“,

sagt der Arzt,

als Nina wieder zu ihm kommt.

Doch die Tage vergehen viel zu langsam.

Sie vergehen langsamer,

als eine Schildkröte läuft.

Tom spielt mit seinen Freunden.

Nina nimmt er nicht mit.

„Mutti, was soll ich machen?“ fragt Nina.

„Ich kann nicht radfahren.

Ich kann nicht Ball spielen.

Ich kann nichts tun! Ich langweile mich!“

„Du kannst mir Kuchen backen helfen“,

sagt die Mutter.

Aber auch da kann Nina

nur zusehen – und naschen.

Und als der Kuchen im Ofen ist,

bleiben von diesem Tag

noch viele Stunden übrig.

„Ein Tag kann so lang sein

wie ein Jahr“, denkt Nina.

TOM

Nina sorgt gut für Bumm.

Sie gibt ihm Salat und sucht Beeren für ihn.

Die mag er gern.

Sie badet ihn

in lauwarmem Wasser

und läßt ihn in der Sonne trocknen.

Bumm versucht immer wieder,

Nina davonzulaufen.

Die Tage kriechen dahin.
Ninas Schulter tut weh
und der Nacken auch,
denn der Gips ist schwer.
Sie kann sich nicht daran gewöhnen,
den Arm in Gips zu tragen.
Es wird immer schlimmer.
Und sie langweilt sich immer mehr.
„Es ist nicht schön,
den Arm in Gips zu tragen“, denkt sie.
„Auch wenn ich Bumm
dafür bekommen habe –
noch lieber hätte ich den Arm frei.“

Eines Nachts kann sie nicht schlafen.

Es ist so warm.

Und Bumm versucht die ganze Zeit,

aus seiner Schüssel herauszukommen.

„Bumm!“ macht es.

Und gleich noch einmal:

„Bumm!“

TOM

Immer wieder macht es „bumm“,

und schließlich stellt Nina

die Schüssel mit Bumm

in den Flur.

Jetzt kann sie schlafen.

Aber sie träumt, sie säße in einem Käfig.

Es ist ein weißer Käfig.

„Hilfe! Hilfe! Ich will raus!“

schreit sie. Aber niemand hört sie.

Als sie aufwacht, muß sie an Bumm denken.

Endlich sind sechs Wochen vergangen,

und Ninas Arm ist wieder gesund.

Der Arzt schneidet den Gipsverband auf.

Nina ist glücklich!

„Mein Arm ist frei! Mein Arm ist frei!“

jubelt sie.

Sie versucht, den Arm zu beugen.

Dann streckt sie ihn wieder.

„Er fühlt sich an wie ein ganz neuer Arm“,

sagt Nina.

„Du wirst dich an ihn gewöhnen“,

meint der Arzt.

„Weißt du was?“ sagt Tom,

als Nina heimkommt.

„Jetzt geht es dir nicht mehr so wie Bumm.

Du bist aus deinem Panzer heraus.“

Noch bevor Tom ausgesprochen hat,

läuft Nina los.

Sie rennt die Treppe hinauf.

Sie nimmt immer zwei Stufen auf einmal.

Es gibt etwas, was Tom nicht weiß.

Etwas, was sie selbst

seit einiger Zeit ahnt

und was sie plötzlich ganz genau weiß:

Ihr Gips ist nicht wie Bumms Panzer!

Denn sein Panzer gehört dazu.

Er ist ein Teil von ihm.

Aber die weiße Schüssel

ist für Bumm dasselbe,

was der Gips für sie gewesen ist.

Die Schüssel ist etwas,

woran er sich nie gewöhnen würde.

Nina nimmt Bumm aus der weißen Schüssel

und läuft mit ihm die Treppe hinunter.

„Wo willst du hin?“

ruft Tom.

Aber Nina ist schon aus der Tür.

Sie rennt über die Wiese

zu der alten Mauer. Dort setzt sie

Bumm ins Gras.

„Jetzt bist du auch frei“, sagt sie.

Und Bumm läuft davon,

so schnell eine Schildkröte laufen kann.

„Ob er jetzt nach Hause läuft,

heim zu den anderen Schildkröten?“ denkt Nina.

„Leb wohl, Bumm!“ ruft sie.

Bumm läuft weiter und ist bald

im hohen Gras verschwunden.

6. Auflage (gebunden) in Druckschrift 1985

Aus dem Amerikanischen von Ellen Jacobsen
WHOSE TURTLE?

04058534/12022 · ISBN 3-551-53122-6 · Bestellnummer 53122